Zwergenstübchen

Zauberhafte Backrezepte

Kaufmann Verlag

AF510941

Liebe Zwergenstübchen-Freunde,

die Zwerge wollten mit diesem Buch ein ganz besonderes Highlight herausbringen. Es sollte nicht nur tolle Backrezepte enthalten, sondern etwas ganz Außergewöhnliches, was es noch nie in einem Zwergenstübchen-Buch gab. Sie überlegten lange, was es sein könnte. Und dann kam ihnen die Idee, Tortenaufleger als Dekoration für einige Torten, Kuchen und Törtchen exklusiv in diesem Zwergenstübchen-Backbuch anzubieten. Auf Seite 57 finden Sie die Tortenaufleger zum Downloaden, die Sie zu Ihrem Konditor schicken können, damit er Ihnen das Zwergenstübchen-Bild für Ihr Backwerk herstellen kann, natürlich zum Mitessen. Ganz besonders schön ist, dass nicht nur die Zwerge auf den Bildern zu sehen sind, sondern auch ihre Freunde wie der Zwergen-Zauberer, welcher auf der Torte zaubert, die Hexen, die mit den Besen herumfliegen, die Cowboy-Zwerge, welche auf ihren Mustangs reiten.

Nun wünschen wir Ihnen viel Freude mit den Tortenauflegern für Ihre Backwerke und hoffen, dass diese Ihnen genauso gut gefallen wie uns.

Elke und Timo Schuster

SCHOKO-MUFFINS

Zutaten:

250 g Butter
200 g Zucker
1 Päckchen Vanillezucker
4 Eier
200 g Mehl
50 g Speisestärke
1/2 Päckchen Backpulver
100 ml Saft
100 g geraspelte Schokolade

Zubereitung:

Alle Zutaten zu einem Rührteig verarbeiten. Den Teig in Papierbackförmchen füllen. Im vorgeheizten Backofen bei 180 Grad ca. 20 Minuten backen. Die ausgekühlten Muffins beliebig verzieren, z. B. mit geschmolzener Kuvertüre, Sahnetupfen oder Puderzucker.

MANDEL-KUCHEN

Zutaten:
250 g Butter
220 g Zucker
2 Päckchen Vanillezucker
5 Eier
200 g Mehl
100 g Speisestärke
1 Päckchen Backpulver
200 g gemahlene Mandeln
100 ml Milch

Zubereitung:
Alle Zutaten zu einem Rührteig verarbeiten. Den Teig in eine gefettete, mit Semmelbrösel ausgestreute Gugelhupfform füllen. Im vorgeheizten Backofen bei 175 Grad ca. 60 Minuten backen. Den ausgekühlten Mandel-Kuchen mit geschmolzener Kuvertüre verzieren oder Puderzucker darüberstäuben.

ZWERGEN-SCHNECKEN

Zutaten:

Teig:

300 g Mehl
1 Teelöffel Backpulver
90 g Zucker
1 Päckchen Vanillezucker
1 Ei
150 g Natur-Joghurt
100 g Butter

Belag:

etwas geschmolzene Butter
3 Äpfel
2 Teelöffel Zimt
2 Esslöffel Zucker
1 Esslöffel gemahlene Mandeln

Guss:

100 g Puderzucker
1 Esslöffel Zitronensaft

Zubereitung:

Aus den Teigzutaten einen Mürbteig herstellen. Den Teig auf einer bemehlten Arbeitsfläche rechteckig dünn auswellen, mit der geschmolzenen Butter bestreichen. Die geschälten, vom Kernhaus befreiten, in kleine Würfel geschnittenen Äpfel mit Zimt, Zucker und Mandeln vermischen, auf der Teigplatte verteilen. Den Teig von der Längsseite her aufrollen. Die Teigrolle in ca. 2 cm dicke Scheiben schneiden und auf ein mit Back-Trennpapier ausgelegtes Backblech setzen. Im vorgeheizten Backofen bei 180 Grad ca. 40 Minuten backen. Für den Guss Puderzucker, Zitronensaft verrühren und die noch warmen Zwergen-Schnecken bestreichen.

DOMINO-KEKSE

Zutaten:

Teig:
250 g Butter
250 g Zucker
1 Päckchen Vanillezucker
6 Eier
100 g Mehl
1 Teelöffel Backpulver
1 Esslöffel Kakao
250 g geraspelte Schokolade
250 g gemahlene Mandeln

Glasur:
80 g Zartbitter-Kuvertüre
etwas weiße Kuvertüre

Zubereitung:

Alle Teigzutaten zu einem Rührteig verarbeiten. Den Teig auf ein mit Back-Trennpapier ausgelegtes Backblech streichen. Im vorgeheizten Backofen bei 180 Grad ca. 25 Minuten backen. Anschließend mit der zuvor im Wasserbad geschmolzenen Zartbitter-Kuvertüre überziehen, erkalten lassen. Danach in kleine Rechtecke schneiden und mit der geschmolzenen weißen Kuvertüre wie ein Domino-Spiel verzieren.

SCHOKOTRAUM

Zutaten:

Teig:
4 Eigelb
4 Esslöffel lauwarmes Wasser
125 g Puderzucker
4 Eiweiß
100 g Mehl
100 g Speisestärke
1 Teelöffel Backpulver

1. Creme
2 Becher süße Sahne
200 g Vollmilch-Schokolade
2 Päckchen Vanillezucker
2 Päckchen Sahnesteif
250 g Mascarpone

2. Creme
2 Becher süße Sahne
200 g weiße Schokolade
2 Päckchen Vanillezucker
2 Päckchen Sahnesteif
250 g Mascarpone

1 Dose Tortenpfirsich-Schnitten

Zubereitung:

Alle Teigzutaten zu einem Biskuit verarbeiten, ca. 25 Minuten backen. Diesen gut auskühlen lassen, danach einmal in der Mitte quer durchschneiden. Für die erste Creme zwei Becher Sahne erhitzen, darin die zerkleinerte Vollmilch-Schokolade unter Rühren schmelzen, anschließend abkühlen lassen, einige Stunden kaltstellen. Danach mit Vanillezucker und Sahnesteif aufschlagen, Mascarpone einrühren.

Die zweite Creme genauso zubereiten. Nun den Tortenring um einen Biskuitboden legen, die Hälfte der ersten Creme darauf verteilen, Tortenpfirsich-Schnitten darübergeben. Die zweite Creme gleichmäßig auf den Pfirsichen verteilen, mit dem zweiten Boden abdecken. Restliche dunkle Creme auf die Torte streichen.

Ein besonderes Highlight zum Verzieren der Torte ist das Zwergenbild. Den QR-Code zum Downloaden finden Sie auf S. 57.

ÄPFELCHEN

Zutaten:

Teig:

250 g Mehl

$^{1}/_{2}$ Teelöffel Backpulver

100 g Zucker

1 Päckchen Vanillezucker

1 Ei

1 Esslöffel Mineralwasser

100 g Butter

Belag:

30 g gemahlene Mandeln

800 g Äpfel

50 g Zucker

etwas Zimt

Guss:

$^{1}/_{4}$ l Milch

$^{1}/_{4}$ l süße Sahne

1 Päckchen Sahne-Puddingpulver

50 g Zucker

1 Päckchen Vanillezucker

100 g Butter

4 Eigelb

2 Eiweiß

Zubereitung:

Aus den Teigzutaten einen Mürbteig herstellen. Äpfel schälen, vierteln, das Kerngehäuse herausnehmen, danach Zucker und Zimt untermischen, zugedeckt gut durchziehen lassen. Währenddessen aus Milch, Sahne, Puddingpulver, Zucker, Vanillezucker einen Pudding nach Packungsanweisung kochen. Butter, Eigelb in den Pudding einrühren, steif geschlagenes Eiweiß unterziehen, abkühlen lassen.

Nun auf einer bemehlten Arbeitsfläche den Teig auswellen und in eine gefettete Kuchenform legen. Den Teigboden mit Mandeln bestreuen, die Apfelschnitze darauf anordnen, darüber den Guss verteilen. Den Apfelkuchen im vorgeheizten Backofen bei 190 Grad ca. 45 Minuten backen.

ROSINCHEN

Zutaten:

250 g Mehl

$^{1}/_{2}$ Päckchen Backpulver

100 g Butter

100 g Zucker

1 Päckchen Vanillezucker

1 Ei

125 g Quark

50 g gemahlene Mandeln

100 g Rosinen

Zubereitung:

Alle Teigzutaten zu einem glatten Teig kneten. Den Teig formen und in eine gefettete Kastenform geben. Im vorgeheizten Backofen bei 190 Grad ca. 45 Minuten backen. Puderzucker über den ausgekühlten Kuchen stäuben.

SCHOKO-SAHNETORTE

Zutaten:

Teig:

6 Eigelb
6 Esslöffel lauwarmes Wasser
240 g Puderzucker
1 Päckchen Vanillezucker
6 Eiweiß
140 g Mehl
140 g Speisestärke
1 Teelöffel Backpulver

Belag:

4 Becher süße Sahne
2 Päckchen Vanillezucker
4 Päckchen Sahnesteif
4 Esslöffel Kakao
100 g Schokolade
Kuvertüre

Zubereitung:

Alle Teigzutaten zu einem Biskuit verarbeiten. Backzeit ca. 45 Minuten.

Nach dem Auskühlen zweimal waagerecht durchschneiden. Für den Belag Sahne, Vanillezucker, Sahnesteif schlagen, Kakao mitrühren und die abgekühlte, zuvor im Wasserbad geschmolzene Schokolade unterziehen. Den Tortenring um einen Biskuitboden legen. Die Hälfte der Schokosahne auf dem ersten Boden verteilen, darüber den zweiten Boden geben, darauf die restliche Schokosahne streichen, anschließend mit dem letzten Boden abdecken, kaltstellen. Die Tortenoberfläche mit der im Wasserbad geschmolzenen Kuvertüre überziehen und mit dem Bild des Zwergen-Zauberers schmücken (siehe QR-Code auf Seite 57).

RHABARBERKUCHEN

Zutaten:

Teig:
250 g Mehl
1/2 Teelöffel Backpulver
100 g Zucker
1 Päckchen Vanillezucker
2 Eigelb
175 g Butter

Belag:
1 kg Rhabarber
5 Eigelb
2 Esslöffel lauwarmes Wasser
200 g Zucker
100 g gemahlene Mandeln
1 Becher süße Sahne
5 Eiweiß

Zubereitung:
Aus den Teigzutaten einen Mürbteig herstellen.

Den Teig auf einer bemehlten Arbeitsfläche auswellen und in eine gefettete Kuchenform legen. Den geschälten Rhabarber in kleine Stücke schneiden, in etwas Wasser kurz aufkochen, danach abtropfen lassen. Eigelb, Wasser und Zucker schaumig schlagen. Mandeln, Sahne, abgekühlten Rhabarber einrühren, steif geschlagenes Eiweiß unterziehen. Die Masse auf den Kuchen geben. Im vorgeheizten Backofen bei 180 Grad ca. 60 Minuten backen.

BIRNENKUCHEN

Zutaten:

Teig:
250 g Mehl
1/2 Teelöffel Backpulver
100 g Zucker
1 Päckchen Vanillezucker
2 Eigelb
1 Esslöffel Crème fraîche
125 g Butter

Belag:
1 Dose Birnen
1 Päckchen Vanille-Puddingpulver
500 ml Birnensaft
3 Eigelb
180 g Crème fraîche
3 Eiweiß
75 g Zucker

Zubereitung:
Aus den Teigzutaten einen Mürbteig herstellen. Den Teig auf einer bemehlten Arbeitsfläche auswellen, in eine gefettete Kuchenform legen, darüber die abgetropften, geviertelten Birnen geben. Den zuvor nach Packungsanweisung mit Birnensaft gekochten Pudding, leicht abgekühlt, auf den Birnen verteilen. Im vorgeheizten Backofen bei 180 Grad ca. 35 Minuten backen. Eigelb, Crème fraîche gut verrühren, das mit Zucker steif geschlagene Eiweiß unterziehen. Die Masse über den Kuchen streichen und weitere ca. 25 Minuten backen.

ZWERGEN-TÖRTCHEN

Zutaten:

Teig:

4 Eier
175 g Zucker
1 Päckchen Vanillezucker
1 Becher süße Sahne
1 Päckchen Vanille-Soßenpulver ohne Kochen
150 ml Öl
75 g Mehl
2 Päckchen Vanille-Puddingpulver
$^{1}/_{2}$ Päckchen Backpulver

Belag:

265 g Frischkäse
120 g Zucker
1 Päckchen Vanillezucker
1 Becher süße Sahne
1 Päckchen Sahnesteif
1 Teelöffel Kakao

Zubereitung:

Eier, Zucker, Vanillezucker cremig rühren. Sahne und Vanille-Soßenpulver steif schlagen, unter die Masse ziehen. Öl sowie das mit Pudding- und Backpulver vermischte Mehl einrühren. Den Teig in Papierbackförmchen füllen. Im vorgeheizten Backofen bei 180 Grad ca. 25 Minuten backen. Frischkäse, Zucker, Vanillezucker gut verrühren, die mit Sahnesteif geschlagene Sahne untermischen. In die Hälfte der Creme Kakao rühren. Auf die ausgekühlten Törtchen helle und dunkle Creme-Rosetten spritzen und mit den Buttons (siehe QR-Code auf Seite 57) schmücken.

KIRSCH-SAHNETORTE

Zutaten:

Teig:

75 g Butter
75 g Zucker
1 Päckchen Vanillezucker
2 Eier
75 g Mehl
25 g Speisestärke
1 1/2 Teelöffel Backpulver
2 Esslöffel Milch

Belag:

1 Glas Sauerkirschen
1 Päckchen Vanille-Puddingpulver
400 ml Kirschsaft
250 g Mascarpone
2 Esslöffel Kirschgelee
1 Esslöffel Puderzucker
1 Teelöffel Zimt
2 Becher süße Sahne
1 Esslöffel Zucker
2 Päckchen Vanillezucker
2 Päckchen Sahnesteif
100 g geraspelte Schokolade

Zubereitung:

Alle Zutaten zu einem Rührteig verarbeiten. Den Teig in eine gefettete Springform füllen. Im vorgeheizten Backofen bei 180 Grad ca. 30 Minuten backen, auskühlen lassen, danach einen Tortenring umlegen.

Die Kirschen unter den nach Packungsanweisung mit Kirschsaft gekochten Pudding mischen, kaltstellen. Mascarpone, Kirschgelee, Puderzucker und Zimt verrühren, auf dem Tortenboden verteilen, darüber die Kirschen geben. Sahne, Zucker, Vanillezucker, Sahnesteif schlagen, Schokolade unterziehen und die Kirschen damit abdecken.

APFELKUCHEN VOM BLECH

Zutaten:

Teig:

2 Becher süße Sahne
200 g Zucker
1 Päckchen Vanillezucker
5 Eier
375 g Mehl
1 Päckchen Backpulver

Belag:

1 1/2 kg Äpfel
3 Esslöffel Zucker
1 Teelöffel Zimt

Guss:

1 1/2 Becher Crème fraîche
100 g Zucker
1 Päckchen Vanillezucker
1 Ei
1 Päckchen Vanille-Puddingpulver

100 g Mandelblättchen

Zubereitung:

Sahne, Zucker, Vanillezucker halb steif schlagen, nacheinander Eier einrühren. Mehl mit Backpulver vermischt, unterziehen. Die Teigmasse auf ein gefettetes Backblech streichen. Die zuvor geschälten, vom Kernhaus befreiten und in Spalten geschnittenen Äpfel mit Zucker und Zimt vermischt, auf dem Teig verteilen. Im vorgeheizten Backofen bei 180 Grad ca. 15 Minuten backen. Crème fraîche, Zucker, Vanillezucker, Ei, Puddingpulver verrühren, über die Äpfel geben, Mandelblättchen daraufstreuen, weitere 50 Minuten backen.

HEXEN-KEKSE

Zutaten:
400 g Mehl
$^1/_2$ Päckchen Backpulver
150 g gemahlene Mandeln
250 g Zucker
2 Päckchen Vanillezucker
2 Eier
250 g Butter

Lieblings-Marmelade
ein größeres, rundes
oder rundgewelltes
Ausstecherförmchen

Zubereitung:
Die Zutaten zu einem Mürbteig verarbeiten, kaltstellen. Den Teig auf einer bemehlten Arbeitsfläche auswellen, Kekse ausstechen und auf ein mit Back-Trennpapier ausgelegtes Backblech setzen.

Im vorgeheizten Backofen bei 180 Grad ca. 15 Minuten backen. Nun auf jeweils einen Keks Marmelade streichen, mit einem anderen abdecken.

Über die erkalteten Kekse Puderzucker stäuben oder mit der im Wasserbad geschmolzenen Kuvertüre verzieren.

SCHOKO-KÄSEKUCHEN

Zutaten:

Teig:

150 g Mehl

1/2 Teelöffel Backpulver

80 g Zucker

1 Päckchen Vanillezucker

2 Eigelb

1/2 Esslöffel Crème fraîche

100 g Butter

Belag:

350 g Frischkäse

250 g Quark

250 g Mascarpone

1 Becher Crème fraîche

200 g Zucker

4 Eigelb

1 Päckchen Vanille-Puddingpulver

150 g Zartbitter-Kuvertüre

150 g weiße Kuvertüre

4 Eiweiß

Zubereitung:

Aus den Teigzutaten einen Mürbteig herstellen. Für den Belag alle Zutaten verrühren. Unter die Hälfte der Creme die zuvor im Wasserbad geschmolzene, abgekühlte dunkle Kuvertüre mischen. Die helle geschmolzene, abgekühlte Kuvertüre in den anderen Teil der Creme rühren. Steif geschlagenes Eiweiß zu gleichen Teilen unter die dunkle und helle Creme ziehen. Den ausgewellten Teig als Boden (ohne Rand) in eine ganz mit Back-Trennpapier ausgelegte Springform geben. Nacheinander die dunkle und helle Creme schichten. Im vorgeheizten Backofen bei 200 Grad ca. 60 Minuten backen. Über den ausgekühlten Kuchen Kakao stäuben.

FRUCHTIGE TORTEN – OHNE BACKEN

mit Pfirsichen

Zutaten:
Boden:
225 g Kokos-Zwieback
150 g Butter

Belag:
175 g Frischkäse
60 g Zucker
1 Esslöffel Kokosraspeln
1 Dose Pfirsiche
2 Becher süße Sahne
2 Päckchen Vanillezucker
2 Päckchen Sahnesteif
Kokosraspeln

Zubereitung:
Gemahlener Zwieback und zerlassene Butter vermischen. Einen Tortenring auf eine Tortenplatte setzen, ca. 26 cm Ø.

Die Zwiebackmasse hineingeben und als Tortenboden fest andrücken, kaltstellen. Frischkäse, Zucker, Kokosraspeln verrühren, auf den Tortenboden streichen, mit abgetropften, kleingeschnittenen Pfirsichen belegen. Sahne, Vanillezucker, Sahnesteif schlagen, gleichmäßig über den Pfirsichen verteilen, Kokosraspeln daraufstreuen.

mit Kirschen

Zutaten:
Boden:
225 g Kokos-Zwieback
150 g Butter

Belag:
2 Becher süße Sahne
2 Esslöffel Zucker
3 Päckchen Vanillezucker
3 Päckchen Sahnesteif
1 Becher Schmand
1 Glas Kirschen

Guss:
200 ml Kirschsaft
1 Päckchen Vanillesoße
zum Kochen
2 Esslöffel Zucker

Zubereitung:
Den Tortenboden, wie auf Seite 24 beschrieben, zubereiten. Sahne, Zucker, Vanillezucker, Sahnesteif schlagen, Schmand einrühren und abgetropfte Kirschen unterziehen. Die Sahne-Kirschmasse auf dem Tortenboden gleichmäßig verteilen. Eine Vanillesoße mit dem Kirschsaft und Zucker nach Packungsanweisung zubereiten, abgekühlt über die Torte geben.

Birnen-Muffins

Zutaten:

100 g Butter, 100 g Zucker,
1 Päckchen Vanillezucker, 4 Eigelb, 125 g Mehl,
1/2 Päckchen Backpulver, 2 Esslöffel Milch,
30 g geraspelte Schokolade,
1 Teelöffel Kakao, 200 g Birnen

Zubereitung:

Alle Zutaten zu einem Rührteig verarbeiten, zum Schluss die abgetropften, kleingeschnittenen Birnen unterziehen. Den Teig in Papierbackförmchen füllen. Im vorgeheizten Backofen bei 180 Grad ca. 20 Minuten backen. Die ausgekühlten Muffins verzieren, z. B. mit Birnenstückchen, Kuvertüre und Sahne.

KÖSTLICHES BIRNCHEN

Zutaten:

Teig:

250 g Mehl
1/2 Teelöffel Backpulver
100 g Zucker
1 Päckchen Vanillezucker
2 Eigelb
1 Esslöffel Crème fraîche
125 g Butter

Belag:

1 Dose Birnen
2 Eier
200 g Crème fraîche
100 g süße Sahne
100 g Zucker
1 Päckchen Vanillezucker
1 Esslöffel Vanille-Puddingpulver

Zubereitung:

Aus den Teigzutaten einen Mürbteig herstellen. Den Teig auf einer bemehlten Arbeitsfläche auswellen, in eine gefettete Springform legen, darüber die abgetropften, geviertelten Birnen geben. Eier, Crème fraîche, Sahne, Zucker, Vanillezucker, Puddingpulver verrühren, auf den Birnen verteilen. Im vorgeheizten Backofen bei 180 Grad ca. 60 Minuten backen.

HEXEN-TORTE

Zutaten:

Teig:
6 Eigelb
4 Esslöffel lauwarmes Wasser
240 g Puderzucker
1 Päckchen Vanillezucker
6 Eiweiß
160 g Mehl
120 g Speisestärke
$^{1}/_{2}$ Teelöffel Backpulver

Belag:
1 Päckchen Schokoladen-Puddingpulver
450 ml Milch
4 Esslöffel Zucker
250 g Butter
2 Teelöffel Kakao
225 g Quitten-Gelee

Zubereitung:

Alle Teigzutaten zu einem Biskuit verarbeiten. Backzeit ca. 45 Minuten. Für den Belag aus Milch, Zucker, Puddingpulver einen Pudding nach Packungsanweisung kochen, abkühlen lassen. Butter schaumig schlagen, nacheinander löffelweise Pudding und Kakao einrühren. Nach dem Auskühlen den Biskuit zweimal waagerecht durchschneiden. Beide Böden mit dem zuvor leicht erwärmten Gelee bestreichen. Auf dem unteren Boden $^{1}/_{3}$ Buttercreme gleichmäßig verteilen, den zweiten Boden darübergeben, ebenfalls $^{1}/_{3}$ Buttercreme auftragen. Nun mit dem letzten Boden abdecken und restliche Buttercreme über Tortenoberfläche und Rand streichen, kaltstellen. Anschließend auf die Torte das Hexen-Zwergenbild legen (siehe QR-Code auf Seite 57).

BANANEN-TORTE

Zutaten:

Teig:

100 g Butter

100 g Zucker

1 Päckchen Vanillezucker

4 Eigelb

125 g Mehl

1/2 Päckchen Backpulver

2 Esslöffel Milch

Baisermasse:
2 Eiweiß
100 g Zucker
30 g geraspelte Schokolade
2 Teelöffel Kakao
40 g Mandelblättchen

Belag:
1 Päckchen Vanille-Puddingpulver ohne Kochen
1/4 l Milch
4 Bananen
etwas Zitronensaft
2 Becher süße Sahne
2 Päckchen Vanillezucker
2 Päckchen Sahnesteif
gemahlene Mandeln

Zubereitung:
Aus den Teigzutaten einen Rührteig herstellen. Diesen in eine gefettete Springform geben und im vorgeheizten Backofen bei 180 Grad ca. 10 Minuten vorbacken. Eiweiß steif schlagen, Zucker gut einrühren, Schokolade und Kakao unterheben, auf dem Boden verteilen. Mandelblättchen darüberstreuen, in weiteren ca. 15 Minuten fertig backen. Einen Pudding nach Packungsanweisung mit 1/4 l Milch zubereiten. Zwei Bananen pürieren, unter den Pudding mischen. Die Creme auf den ausgekühlten Boden geben, darüber zwei in Scheiben geschnittene, mit Zitronensaft beträufelte Bananen legen. Sahne, Vanillezucker, Sahnesteif schlagen, auf die Torte streichen, gemahlene Mandeln darüberstreuen.

ROTER BEERENKUCHEN

Zutaten:

Teig:
250 g Mehl
$^{1}/_{2}$ Teelöffel Backpulver
100 g Zucker
1 Päckchen Vanillezucker
2 Eigelb
100 g Butter
2 Esslöffel Crème fraîche

Belag:
800 g Johannisbeeren
150 g Zucker
1 Teelöffel Zimt

Guss:
5 Eier
1 $^{1}/_{2}$ Becher Natur-Joghurt
1 Becher süße Sahne
120 g Zucker
1 Päckchen Vanillezucker
3 Teelöffel Speisestärke

Zubereitung:
Aus den Teigzutaten einen Mürbteig herstellen. Den Teig auf einer bemehlten Arbeitsfläche auswellen, in eine gefettete Kuchenform legen und Semmelbrösel darüberstreuen. Johannisbeeren mit Zucker und Zimt vermischen, durchziehen lassen. Danach die abgetropften Beeren auf den Kuchenboden geben. Für den Guss alle Zutaten verrühren, über den Johannisbeeren verteilen und im vorgeheizten Backofen bei 175 Grad ca. 60 Minuten backen. Nach dem Auskühlen mit Puderzucker bestäuben.

BLAUER BEERENKUCHEN

Zutaten:

Teig:

200 g Mehl
1/2 Teelöffel Backpulver
80 g Zucker
1 Päckchen Vanillezucker
1 Ei
100 g Butter
1 Esslöffel Crème fraîche

Belag:

750 g Quark
125 g Zucker
1 Päckchen Vanillezucker
3 Eier
2 Eigelb
50 g Speisestärke
50 g zerlassene Butter
1 Glas Heidelbeeren

Baiser:

2 Eiweiß
100 g Zucker

Zubereitung:

Aus den Teigzutaten einen Mürbteig herstellen. Den Teig auf einer bemehlten Arbeitsfläche auswellen und in eine gefettete Springform legen. Alle Belags-Zutaten verrühren, zum Schluss die abgetropften Heidelbeeren untermischen. Im vorgeheizten Backofen bei 180 Grad ca. 45 Minuten backen. In der Zwischenzeit das Eiweiß steif schlagen, löffelweise Zucker zufügen, gut mitrühren. Dieses auf den Kuchen streichen und weitere 20 Minuten backen.

ZUM WILDEN WESTEN

ZWERGEN-KÜCHLEIN

Zutaten:
500 g Mehl
1 Würfel Hefe
80 g Zucker
1 Päckchen Vanillezucker
2 Eier
$^1/_4$ l lauwarme Milch
80 g Butter

Fett zum Ausbacken
etwas Zucker und Zimt

Zubereitung:
Aus den Teigzutaten einen Hefeteig zubereiten. Für jedes Küchlein mit einem Esslöffel etwas Teig abstechen und rund formen. Alle auf eine bemehlte Arbeitsfläche setzen, ca. 20 Minuten gehen lassen.

Danach die Küchlein so auseinanderziehen, dass diese in der Mitte ganz dünn, außen herum dicker sind. Anschließend in heißem Fett schwimmend goldbraun ausbacken, der innere Teil bleibt hellgelb.

Zum Schluss Zucker und Zimt vermischen, über die Zwergen-Küchlein streuen.

Zutaten:
130 g Butter
75 g Zucker
1 Päckchen Vanillezucker
2 Eier
500 g Mehl
1 Päckchen Backpulver
etwas Milch

Fett zum Ausbacken
etwas Zucker und Zimt

Zubereitung:
Butter schaumig schlagen. Nach und nach Zucker, Vanillezucker, Eier, Mehl mit Backpulver vermischt einrühren. So viel kalte Milch dazugeben, dass der Teig nicht zu fest wird.

Diesen $1/2$ cm dick auswellen, Vierecke schneiden, in heißem Fett schwimmend ausbacken.

Die Küchlein in Zucker-Zimtgemisch wälzen.

WESTERN-KÜCHLEIN

Zutaten:
Teig:
375 g Mehl
1 Würfel Hefe
120 g Zucker
1 Päckchen Vanillezucker
50 g Butter
200 ml lauwarme Milch

Belag:
2 Päckchen Vanille-Puddingpulver
900 ml Milch
4 Esslöffel Zucker
1 kleines Glas Apfelmus
60 g Mehl
50 g Butter
50 g Zucker
1 Päckchen Vanillezucker

Zubereitung:
Aus den Teigzutaten einen Hefeteig herstellen.

Einen Pudding nach Packungsanweisung aus Milch, Zucker, Puddingpulver kochen, abkühlen lassen. Den Teig auf einer bemehlten Arbeitsfläche ca. $^{1}/_{2}$ cm dick auswellen, Küchlein von etwa 8 cm Ø ausstechen und auf ein mit Back-Trennpapier ausgelegtes Backblech setzen. Auf jedes Küchlein Pudding streichen, darauf etwas Apfelmus und die aus Mehl, Butter, Zucker, Vanillezucker zubereiteten Streusel geben. In den kalten Backofen schieben, bei 200 Grad ca. 25 Minuten backen.

COWBOY-KÜCHLEIN

Zutaten:
500 g Äpfel
1 Esslöffel Zucker
1 Teelöffel Zimt

Teig:
125 g Butter
100 g Zucker
2 Eier
150 g Mehl
50 g Speisestärke
1/2 Päckchen Backpulver
2 Teelöffel Zimt

Zubereitung:
Die geschälten, vom Kernhaus befreiten, fein geschnittenen Äpfel mit Zucker und Zimt vermischen. Aus den Teigzutaten einen Rührteig herstellen, zum Schluss die Äpfel untermischen. Auf ein mit Back-Trennpapier ausgelegtes Backblech kleine Teighäufchen setzen (genügend Abstand halten, da sie auseinanderlaufen). Im vorgeheizten Backofen bei 180 Grad ca. 25 Minuten backen. Über die ausgekühlten Küchlein Puderzucker stäuben.

FLECKCHEN

Zutaten:
250 g Butter
250 g Zucker
6 Eier
100 g Mehl
1 Teelöffel Backpulver
250 g gemahlene Haselnüsse
250 g geriebene Schokolade
1 Esslöffel Milch

100 g dunkle Kuvertüre
50 g weiße Kuvertüre

Zubereitung:
Aus den Zutaten einen Rührteig herstellen. Den Teig auf ein mit Back-Trennpapier ausgelegtes Backblech streichen. Im vorgeheizten Backofen bei 180 Grad ca. 20 Minuten backen.

Anschließend mit der zuvor im Wasserbad geschmolzenen dunklen Kuvertüre überziehen. Die weiße geschmolzene Kuvertüre als Flecken daraufgeben.

ZITRONEN-KUCHEN

Zutaten:

Teig:

350 g Butter
350 g Zucker
6 Eier
200 g Mehl
150 g Speisestärke
1 Päckchen Backpulver
Saft einer Zitrone

Guss:

150 g Butter
4 Eier
100 g Zucker
Saft einer Zitrone
100 g gemahlene Mandeln

Zubereitung:

Aus den Teigzutaten einen Rührteig herstellen. Diesen auf ein mit Back-Trennpapier ausgelegtes Backblech streichen. Für den Guss Eier, Zucker, Zitronensaft schaumig schlagen. Nach und nach die zerlassene, abgekühlte Butter sowie Mandeln einrühren. Den Guss über den Teig geben. Im vorgeheizten Backofen bei 180 Grad ca. 30 Minuten backen. Den ausgekühlten Kuchen mit Puderzucker bestäuben.

Ein besonderes Highlight zum Verzieren des Kuchens ist das Zwergenbild. Den QR-Code zum Downloaden finden Sie auf Seite 57.

WESTERN-LOLLIES

Zutaten:
125 g Butter
150 g Zucker
1 Päckchen Vanillezucker
3 Eier
250 g Mehl
50 g Speisestärke
1/2 Päckchen Backpulver
1 Päckchen Vanille-
Puddingpulver
70 ml Milch

Backblech mit 12 flachen
Vertiefungen
Holzstäbchen

Zubereitung:
Butter schaumig schlagen. Abwechselnd Zucker, Vanillezucker, Eier dazugeben, gut mitrühren. Mehl, Backpulver, Speisestärke, Puddingpulver vermischen, löffelweise mit der Milch einrühren. Den Teig in die gefetteten Backblech-Vertiefungen füllen (gibt ca. 30 Stück). Im vorgeheizten Backofen bei 175 Grad ca. 20 Minuten backen. Auf einem Kuchengitter auskühlen lassen, die Holzstäbchen ein Stück in die Küchlein schieben. Entweder Puderzucker darüberstäuben oder hübsch dekorieren, z. B. mit geschmolzener Kuvertüre, Sahneverzierungen, Zuckerperlen.

SALOON-KUCHEN

Zutaten:
150 g Butter
150 g Zucker
1 Päckchen Vanillezucker
4 Eier
100 g gemahlene Haselnüsse
100 g Semmelbrösel
50 g Speisestärke
1/2 Teelöffel Backpulver
1 Esslöffel Milch
100 g Schokolade

einige Tonblumentöpfe
Teigmenge reicht z. B.
für 4 Töpfe mit 10 cm Ø

Zubereitung:
Die Blumentöpfe vor Gebrauch einige Stunden in kaltes Wasser legen, danach abtrocknen, gut einfetten. Wegen des Blumentopfloches aus Back-Trennpapier jeweils entsprechend große Kreise schneiden und als Boden einlegen.

Für die Teigzubereitung Butter schaumig schlagen. Abwechselnd Zucker, Vanillezucker, Eier dazugeben, gut mitrühren. Nacheinander Haselnüsse, Semmelbrösel, mit Backpulver vermischte Speisestärke und Milch einrühren. Zum Schluss die im Wasserbad geschmolzene, leicht abgekühlte Schokolade untermischen.

Den Teig in gefettete Tontöpfe füllen. Im vorgeheizten Backofen bei 175 Grad ca. 1 Stunde backen. Anschließend die Kuchen nach etwa 15 Minuten aus den Töpfen nehmen und auf einem Kuchengitter auskühlen lassen. Nun entweder Puderzucker über die Topfkuchen stäuben oder hübsch dekorieren, z. B. mit geschmolzener Kuvertüre, Puderzuckerglasur (Puderzucker mit etwas Wasser verrühren), Sahneverzierungen, kleinen Früchten, bunten Zuckerperlen.

Backhaus-Tag

GEFÜLLTE HACKFLEISCH-BRÖTCHEN

Zutaten:

60 g durchwachsener Speck
1 Zwiebel
1/2 Bund Petersilie
3 Esslöffel Öl
6 Brötchen
350 g gemischtes Hackfleisch
etwas Salz, Pfeffer, Paprika
3 Tomaten
100 g Gouda

Zubereitung:

Kleingewürfelter Speck sowie feingehackte Zwiebel und Petersilie in heißem Öl andünsten. Alle Brötchen halbieren, etwas aushöhlen, die Brötchenmasse zerkleinert mit dem Hackfleisch zum Speck geben, gut vermischen, würzen und anbraten. Zum Schluss Tomaten, ebenso Käse in kleine Würfel schneiden, untermengen. Die Brötchen damit füllen. Im vorgeheizten Backofen bei 180 Grad ca. 20 Minuten backen.

PIZZA NACH ZWERGENART

Zutaten:

1 Fladenbrot
2 Becher Schmand
etwas Knoblauchsalz
100 g Salami
100 g gekochter Schinken
2 Paprikaschoten
4 Tomaten
200 g Champignons
1 Zwiebel
etwas Kräutersalz
200 g geriebener Hartkäse

Zubereitung:

Das Fladenbrot quer durchschneiden. Schmand auf beide Brothälften streichen, gut würzen. Danach mit Salami, Schinken-, Paprikastreifen, Tomaten-, Champignonscheiben, Zwiebelringen belegen, würzen, den Hartkäse darüber verteilen. Im vorgeheizten Backofen bei 200 Grad ca. 20 Minuten backen.

KÜRBISKUCHEN

Zutaten:

Teig:
250 g Mehl
20 g Hefe
$^{1}/_{2}$ Teelöffel Zucker
$^{1}/_{8}$ l lauwarme Milch
$^{1}/_{4}$ Teelöffel Salz
50 g Butter

Belag:
1 kleiner Kürbis
$^{1}/_{4}$ l Gemüsebrühe
3 Tomaten

Guss:
250 g Crème fraîche
2 Eier
1 Teelöffel Kräutersalz
etwas Pfeffer
150 g geriebener Hartkäse

Zubereitung:
Aus den Teigzutaten einen Hefeteig herstellen.

Den Kürbis schälen, in Stücke schneiden, die Kerne entfernen. Gemüsebrühe zum Kochen bringen, Kürbisstücke dazugeben und kurz dünsten. Den Hefeteig auf einer bemehlten Arbeitsfläche auswellen. Diesen in eine gefettete Kuchenform legen, dabei einen kleinen Rand hochziehen. Die gut abgetropften Kürbisstücke sowie die gehäuteten Tomaten in Scheiben schneiden, abwechselnd auf den Teigboden schichten. Für den Guss Crème fraîche, Eier, Kräutersalz, Pfeffer verquirlen, danach gleichmäßig auf dem Kuchen verteilen, mit Käse bestreuen. Im vorgeheizten Backofen bei 200 Grad ca. 30 Minuten backen.

ZWIEBELKUCHEN

Zutaten:

Teig:
300 g Mehl
1/2 Würfel Hefe
1/2 Teelöffel Zucker
1/8 l lauwarme Milch
1/2 Teelöffel Salz
50 g Butter

Belag:
1 kg Zwiebeln
50 g Butter
3 Eier
1 Becher saure Sahne
3 Esslöffel Mehl
1/2 Teelöffel Salz
1 Esslöffel Kümmel

Zubereitung:
Aus den Teigzutaten einen Hefeteig herstellen. Für den Belag die geschälten, feingeschnittenen Zwiebeln in Butter dünsten. Eier, Sahne, Mehl, Salz und Kümmel verquirlen. Die etwas abgekühlten Zwiebeln unterrühren. Den Teig auf einer bemehlten Arbeitsfläche auswellen. Eine gefettete Kuchenform damit auslegen, den Belag daraufgeben, glattstreichen. Butterflöckchen auf dem Kuchen verteilen. Im vorgeheizten Backofen bei 200 Grad ca. 45 Minuten backen. Warm serviert schmeckt der Zwiebelkuchen am besten.

KÄSEKNUSPERCHEN

Zutaten:

Teig:

150 g Mehl
1 Ei
2 Esslöffel Wasser
etwas Salz
$^{1}/_{2}$ Teelöffel Paprika
80 g Butter
200 g geriebener Hartkäse

Füllung:

100 g rohen oder gekochten Schinken

Zubereitung:

Aus den Teigzutaten einen Mürbteig herstellen. Daraus Rollen von ca. 4 cm Ø formen. Diese in etwa 1 cm dicke Scheiben schneiden. Den Schinken klein würfeln. Auf jede Scheibe etwas Schinken geben, den Teig darüberziehen und zu einer Kugel formen. Ein Backblech mit Back-Trennpapier auslegen, die Käseknusperchen daraufsetzen. Im vorgeheizten Backofen bei 220 Grad ca. 20 Minuten backen.

KÄSEKUCHEN

Zutaten:

Teig:

250 g Mehl

$^{1}/_{2}$ Würfel Hefe

$^{1}/_{2}$ Teelöffel Zucker

$^{1}/_{8}$ l lauwarme Milch

$^{1}/_{2}$ Teelöffel Salz

30 g Butter

Belag:

1 Becher süße Sahne

2 Eier

30 g Mehl

300 g geriebener Hartkäse

250 g Champignons

1 rote und

1 grüne Paprikaschote

etwas Salz und Pfeffer

Zubereitung:

Alle Teigzutaten zu einem Hefeteig verarbeiten. Für den Belag Sahne, Eier und Mehl verquirlen, unter Rühren erhitzen. Käse zufügen, schmelzen lassen (nicht kochen). Blättrig geschnittene Champignons, kleingewürfelter Paprika untermischen und mit den Gewürzen abschmecken. Den ausgewellten Teig in eine gefettete Kuchenform geben, die Käsemasse gleichmäßig darauf verteilen. Im vorgeheizten Backofen bei 200 Grad ca. 30 Minuten backen.

ALLE TORTENAUFLEGER

Liebe Zwergenstübchen-Freunde,

auf dieser Seite finden Sie alle Tortenaufleger dieses Buches. Für die schönen Konditor-Bilder zum Verzieren Ihrer Backwerke müssen Sie nur den jeweiligen Tortenaufleger downloaden und Ihrem Konditor senden, damit er ihn anfertigen kann.

Die Tortenaufleger bitte erst kurz vor dem Servieren anbringen, damit sie nicht feucht werden.

Viel Freude mit den Tortenauflegern,
Ihre Zwergenschar

www.kaufmann-verlag.de/de-kaufmann/zwergenstuebchen-download.php

Hefeteig-Zubereitung

Mehl in eine Schüssel sieben. In die Mitte eine Mulde drücken, Hefe hineinbröckeln, etwas Zucker darüberstreuen. Hefe und Zucker mit etwas lauwarmer Milch glatt rühren, mit Mehl bestäuben. Die Schüssel mit einem Geschirrtuch abdecken. Den Vorteig ca. 15 Minuten gehen lassen.

Restliche Milch, weiche Butter, Zucker oder Salz, Eier dazugeben, zu einem glatten Teig kneten, so lange abschlagen, bis er Blasen wirft, sich von der Schüssel löst und glänzt. Den Teig mit einem Tuch abdecken und bei Zimmertemperatur etwa 1 Stunde gehen lassen (bis er sich verdoppelt hat). Nochmals durchkneten, entsprechend dem jeweiligen Rezept weiterverarbeiten.

Biskuitteig-Zubereitung

Eigelb, lauwarmes Wasser, Zucker, Salz zu einer dicken, schaumigen Masse rühren. Das sehr steif geschlagene Eiweiß auf die Eigelbmasse geben. Darüber das mit Backpulver und Speisestärke vermischte Mehl sieben. Alles vorsichtig unter die Eigelbmasse ziehen. Den Teig in eine mit Pergamentpapier ausgelegte Springform füllen. Im vorgeheizten Backofen bei 175 Grad backen. Danach den Biskuit auf ein Kuchengitter legen, gut auskühlen lassen, anschließend das Pergamentpapier entfernen. Weiterverarbeitet wird der Biskuit wie im Rezept angegeben.

Rührteig-Zubereitung

Alle Zutaten sollten Zimmertemperatur haben. Die Butter schaumig schlagen, abwechselnd Zucker, Eier dazugeben, zu einer cremigen Masse rühren. Nach und nach das gesiebte, mit Backpulver vermischte Mehl zusammen mit der Milch einrühren. Den Teig in eine gefettete Backform füllen und dem jeweiligen Rezept entsprechend im vorgeheizten Backofen backen.

Mürbteig-Zubereitung

Das Mehl auf eine Arbeitsfläche sieben. In die Mitte eine Vertiefung drücken, Zucker und Ei hineingeben, mit etwas Mehl verrühren. Auf den Mehlrand die kalte, kleingeschnittene Butter legen, alles zu einem glatten Teig kneten. Diesen zugedeckt etwa 1 Stunde bis zur Weiterverarbeitung in den Kühlschrank stellen.

INHALT Seite

Verantwortlich: Elke und Timo Schuster
Illustration: Eva Zeidler und Manfred Rohrbeck
Fotografie: Axel Waldecker

Der Inhalt dieses Buches ist vom Verlag sorgfältig erwogen und geprüft, dennoch kann eine Garantie nicht übernommen werden. Eine Haftung des Verlages für Personen-, Sach- und Vermögensschäden ist ausgeschlossen.

Bibliografische Information der Deutschen Bibliothek
Die Deutsche Bibliothek verzeichnet diese Publikation in der Deutschen Nationalbibliografie; detaillierte bibliografische Daten sind im Internet über http://dnb.ddb.de abrufbar.

1. Auflage 2024
© 2024 Verlag Ernst Kaufmann, Lahr
Dieses Buch ist in der vorliegenden Form in Text und Bild urheberrechtlich geschützt. Jede Verwertung ist ohne Zustimmung des Verlags Ernst Kaufmann unzulässig und strafbar. Dies gilt insbesondere für Nachdrucke, Vervielfältigungen, Übersetzungen, Mikroverfilmungen und die Einspeicherung und Verarbeitung in elektronischen Systemen.

Druck und Bindung: Leo Paper
ISBN 978-3-7806-2040-8

www.zwergenstuebchen-schuster.de

Meine zauberhaften Backrezepte